KALEIDOSCOPE

万華鏡

監修
日本万華鏡倶楽部
文
大熊進一

はじめに

　生まれて初めて万華鏡を見た時のことを覚えていますか？　きれいな幾何学文様がクルックルッと回り、次から次へと新しい映像が出てきます。こわさないように万華鏡の中を解剖してみたら、三角に鏡が組まれていただけでした。

　こんな簡単なことで、あんなにきれいな映像がどんどん出てくるんだ！　ビックリするというより、その単純なシステムに驚きました。？と！の連続に万華鏡の楽しさがあったのです。

　1816年にスコットランドで誕生した万華鏡は、光の研究の中で生まれた科学の芸術です。3枚の鏡を規則正しく正三角形に組むと、その反射は正三角形が無限に広がっていきます。規則正しさが、そして科学が美しいと感じる瞬間です。

　永遠に続く美と、同じ映像はもう二度と見られないかもしれない不思議さ。"今"という目には見えない時間を、万華鏡でのぞいているのかもしれません。そんな不思議で美しい科学の世界を、一緒に探検しましょう。

目次

はじめに ……………………………………… 2
美しい万華鏡の世界 ① ……………………… 4
美しい万華鏡の世界 ② ……………………… 6
美しい万華鏡の世界 ③ ……………………… 8
アメリカの万華鏡 …………………………… 10
歴史的な万華鏡 ……………………………… 12
世界の万華鏡 ………………………………… 14
キャラクター万華鏡 ………………………… 16
万華鏡を作ろう
　　◇主な材料 ……………………………… 17
　　◇3ミラー正三角形万華鏡 …………… 18
　　◇ビー玉万華鏡（テレイドスコープ）… 19
　　◇水とビーズの変化を楽しむ、
　　　二等辺三角形万華鏡 ………………… 20
　　◇丸い2ミラー映像を楽しむ万華鏡 … 21
　　◇フィルムケースを使った
　　　サークルミラー万華鏡 ……………… 22
　　◇竹で作るひねり万華鏡 ……………… 23
　　◇4ミラーのお絵描き万華鏡 ………… 24
　　◇ミラーに角度をつけた不思議万華鏡 … 25

万華鏡Q&A …………………………………… 26
万華鏡の歴史 ………………………………… 28
　・万華鏡はスコットランドで生まれ、地球をかけまわって、3年後には大阪に来ていた！
　・百色眼鏡から万華鏡へ
　・オキュパイド・ジャパンという国で作られた万華鏡
　・万華鏡ルネッサンス
　・美しさの秘密
　・「日本万華鏡倶楽部」「日本万華鏡博物館」の誕生

あとがき ……………………………………… 32
　日本万華鏡博物館館長　大熊進一

※このページの写真は、P.18〜P.25の手作りの万華鏡の中を撮影したものです。

美しい万華鏡の世界 1

「たくさんの華を見る鏡」が万華鏡です。美しい映像を無限にくりひろげていく鏡の世界が万華鏡なのです。鏡の反射が夢を運んできてくれます。

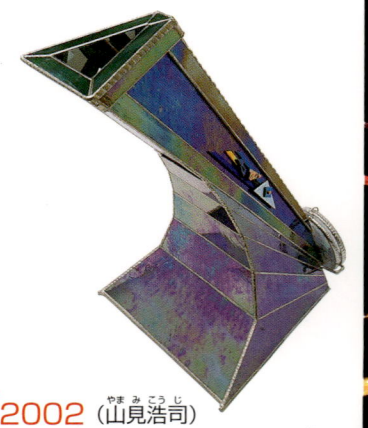

Planet2002（山見浩司）
光の筋が目に飛びこんできます。宇宙を飛ぶ流れ星のように、次から次へと映像が変化していきます。万華鏡の中に大きな宇宙があるのです。

ベアーズ・スコープ4（山見浩司）
クマさん万華鏡シリーズのNo.4で、日本万華鏡博物館コレクションの1000点目になる万華鏡です。映像が丸くポコッポコッと連なっています。山見さんはおもしろいベアーズ・スコープを作ってくれる万華鏡作家です。

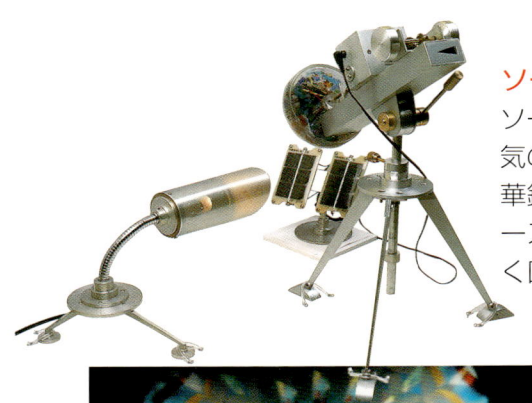

ソーラースコープ＃１ （角敏郎）
ソーラーパネルに光（太陽でも電気の光でも）をあて、その力で万華鏡のオブジェクト（ガラス、ビーズなど）を見ます。光の力で早く回ったり、ゆっくり回ります。

小泉―デュシャンへのオマージュ― （角敏郎）
デュシャンは便器を芸術にしてしまったアーティスト。角さんは便器を万華鏡にしてしまった楽しい万華鏡作家です。

ダストボックス＃１―海― （角敏郎）
深海をのぞくようにきれいなブルーが広がっています。カンがいっぱい入っていますが、ごみ箱ではありません。護美（美を護る）箱万華鏡です。

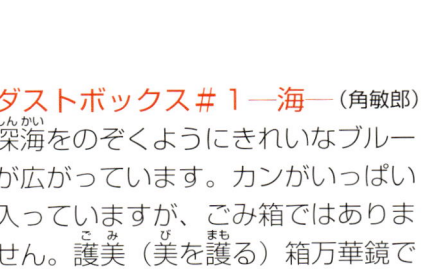

メカ・ベアーズ・スコープ （角敏郎）
自然の光を色に変えてみる万華鏡です。クマの中には、透明のプラスチックを切って入れただけ。偏光フィルターを使って見る光の色です。

美しい万華鏡の世界 2

（科学＋アート）×アイデア＝おもしろい万華鏡。これが美しく楽しい万華鏡を作る方程式です。規則どおりの鏡の使い方が美しさを作り、おもしろいアイデアを入れて作ると、すばらしい万華鏡ができます。

手回し万華鏡（依田満・百合子）
ハンドルをグルグル回して美しい映像を見ます。とても単純ですが、しっかりと作られ、壊れにくいのでみんなで見ることができます。

勇気と希望2002
（依田満・百合子）
白頭鷲のステンドグラス（制作・竹形夏野）を傾けると、ライトがつき、音楽が鳴り、美しい映像が回ります。依田夫妻は二人でひとつの万華鏡作りをめざしています。

千とベアーズ（依田満・百合子）
オルゴールを回すと、きれいなガラスが入ったオブジェクトが回ります。そのオブジェクト・ケースの横にクマさんが描かれています。オルゴールの音色を楽しみながら、万華鏡の映像も楽しみます。

天の光はすべて星
（中村明功・あや子）
なかむら あきのり

万華鏡をのぞくと星がうかんでいます。奥には天の川。まるでプラネタリウムを見ているような万華鏡です。中村夫妻は万華鏡のホームページを持っています。
http://kaleido-japan.com/

くますけと一緒に （中村明功・あや子）
いっしょ

森の中のクマさんがかわいい万華鏡です。色ガラスの入ったオブジェクトケースの中にもクマさんが入っています。

美しい万華鏡の世界 3

万華鏡は自由に作れます。使う鏡の枚数、組み方、角度の取り方、すべて自由です。万華鏡がクマになっても、ひょうたんになってもおもしろいですね。自分のアイデアを生かした楽しい作品です。

デュアルミラータイプ1 （岩渕晃）

ボディの中に、ミラーの組み方を変えて二つ入れてあり、それを一緒に見ます。不思議で楽しく、美しい世界が広がります。岩渕さんは北海道で万華鏡作りをしています。

お供え三段重ね万華鏡 （尾崎百々花）

みかんはテレイドスコープ（テレスコープ＋カレイドスコープ）、お餅が万華鏡です。上が2ミラー、下が3ミラーと工夫されています。尾崎さんは岡山市在住で、とっても楽しい万華鏡を作ってくれます。

ふわふわベアーズ （尾崎百々花）

まわりを毛糸で仕上げたクマさん。頭にポコッとレンズが見えます。風景を万華鏡のようにしてしまうテレイドスコープです。

ひょうたん万華鏡―親子―（田岸朋子(たぎしともこ)）
なんともかわいらしいひょうたん万華鏡の親子です。おっとり顔のお父さん。にこっとしているお母さん。首をかしげた子はお父さん似かな？

空間（石井真弓(いしいまゆみ)）
高さ1m10cmもある大きな万華鏡です。テレビの画面を見るように小さな窓(まど)が開(あ)いています。1ミラーの不思議な映像(えいぞう)が楽しめます。

カプセル（石井真弓）
全長21mmの万華鏡は、世界で二番目に小さい万華鏡でもあります。石井さんは大きな万華鏡も作り、こんなに小さな万華鏡も作っています。

ペンダント万華鏡（石井真弓）
万華鏡をいつも見ていたい！いつも身につけたい！ということで、ペンダント万華鏡が作られました。指輪(ゆびわ)の万華鏡もあります。

アメリカの万華鏡

1980年代、万華鏡はアメリカでおもちゃからアートへと大変身しました。世界一の万華鏡コレクターであるコージー・ベーカーさんが万華鏡作りを呼びかけ、万華鏡のルネッサンスが起こるのです。現在、万華鏡作家が100人ほどいます。おもしろくて楽しい万華鏡をたくさん作り出しています。

ミュージカル・ジオデッセイ（ドン・ドーク）
黒光りするガラスのボディーにミラーが組まれ、オルゴールの音とともにゆっくりと映像を楽しみます。ジオデッセイは「地球叙事詩」の意味です。

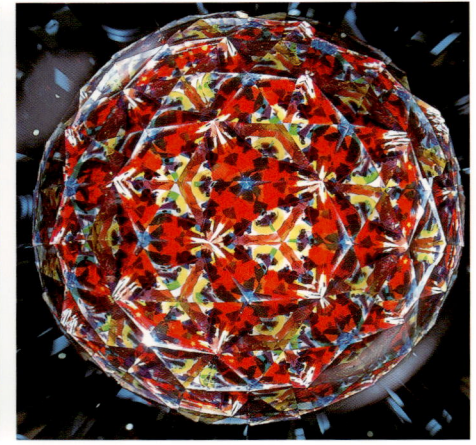

スター・ファイアー（シェリル・コック）
万華鏡博物館コレクション第1号。ハワイ・マウイ島で出会ったものです。シェリルさんとも1996年にお会いしました。円盤が交換できる美しい万華鏡です。

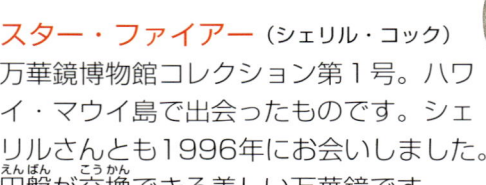

白鷺（ボブ＆スー・リオー）
2ミラー、3ミラー、4ミラーの3種類の映像が楽しめる大きな万華鏡。息子のアレックス君も万華鏡を作っている万華鏡一家です。

灯台 （デビット・カリッシュ）
貝や石を見るように作られ、灯台の形をした万華鏡です。3枚の鏡が角度をつけて（テーパード）組まれているので丸く見え、まるで地球を眺めているようです。

ズー・ビュー（ダニー・キューリー）
ゾウみたいな、ワニみたいな、キリンみたいな動物を見る万華鏡です。楽しい動物園万華鏡は、とても美しい映像が広がります。

複葉飛行機万華鏡
プロペラを回して尾翼の後ろから見ます。万華鏡飛行機のパイロットになって、大空を飛び回っているような感じがします。

スター・エクスプロージョン（コーキー・ウィークス）
「星の爆発」という名前のとおり、のぞくと映像が爆発したように立体的に目に飛びこんでくる、とてもダイナミックな万華鏡です。

カレイド・ウエーブ（ウィル・スミス）
文字どおり、大海原の波をのぞく万華鏡です。波しぶきの色合いが、クジラの浮上を感じさせてくれたり、小魚が集団で泳ぐ様を見せてくれたりします。

歴史的な万華鏡

万華鏡の誕生は1816年。約190年の歴史がありますが、昔の万華鏡はあまり残っていません。鏡で反射させるため、壊れやすいのが万華鏡の宿命です。でも歴史的な万華鏡をのぞくと、美しさより、経過した時間を見ているような感じがします。

1860年代・ヨーロッパ製の万華鏡
イギリス製、フランス製、ドイツ製ともいわれています。鏡が劣化して、きれいに反射していませんが、140年の歴史を感じさせてくれる映像です。

紙製万華鏡（イギリス）
モロッコ革の雰囲気を伝えていますが、紙で作られています。1880年代の万華鏡で2ミラーで作られています。

学校教材万華鏡（イギリス）
20世紀の初め、学校教材として作られた万華鏡です。ふつうの鏡にコールタールなどを塗って黒くし、それで反射させています。

幻燈万華鏡（アメリカ）
1890年代、エジソンが電灯を発明した後、幻燈機に照らして、万華鏡の2ミラーの映像を見ていました。

ドラゴンフライ（イギリス）
トンボの複眼を意味します。レンズのカットで同じ映像をたくさん見ることができます。万華鏡誕生以前からある視覚玩具です。これは1830～40年代といわれます。

おもちゃ万華鏡（日本）
昭和初期から作られている紙製万華鏡。絵がアメリカ風なので、輸出用に作られていたものと考えられます。

スティーブン社製万華鏡（アメリカ）
アメリカの代表的おもちゃ万華鏡。これは1950年代に作られましたが、現在でもこの形のまま、おもちゃ万華鏡が作られています。スティーブン・コレクターもいるくらい、アメリカでは人気があります。

バンビ万華鏡（日本）
1950～60年代、ディズニー映画がたくさん上映された頃、三角形のディズニー・キャラクターが描かれた万華鏡も作られました。ようやくこの頃から、日本の子どもたちに万華鏡がいきわたりはじめました。
©WALT DISNEY PRODUCTIONS

オキュパイド・ジャパン（日本）
第2次大戦後、日本がアメリカに占領されていた数年間、輸出されるものには、メイド・イン・オキュパイド・ジャパン（占領下の日本）とつけられました。日本の子どもたちのために作られたのではなく、アメリカの子どもたちの手にわたりました。

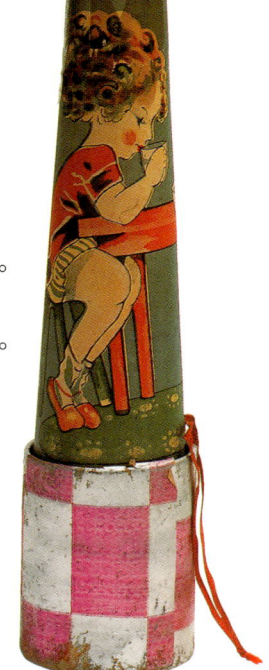

おもちゃ万華鏡（日本）
輸出用に作られたもので、円錐形の形をしているのが特徴です。外が紙、中が鏡。壊れやすいものばかりなので、あまり残っていません。

世界の万華鏡

万華鏡は世界の駄菓子やさん（キャンディーショップ）に、なくてはならないおもちゃです。誰もが手にして、誰もがのぞいてみたことのあるおもちゃが万華鏡です。世界の子どもたちに愛されたからこそ、その国の万華鏡には、その国の文化が反映されています。

ネジ・クリップ万華鏡（ニュージーランド）
オイルの中にネジやクリップが入っています。ボディーの木は、数百万年前の泥炭層から出てきた木を使っています。（アンドリュー＆ロビン・レーニー夫妻の作品）

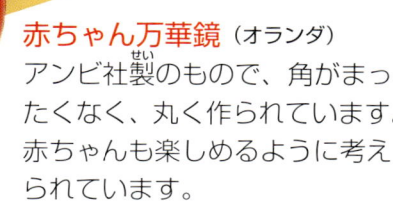

赤ちゃん万華鏡（オランダ）
アンビ社製のもので、角がまったくなく、丸く作られています。赤ちゃんも楽しめるように考えられています。

アンデス万華鏡（エクアドル）
アンデスの織物が巻かれた万華鏡です。のぞいていると、はるか遠くから"コンドルが飛んでいく"のメロディーが聞こえてくるようです。

木製万華鏡（ドイツ）
いかにもドイツ製といった感じの、頑丈に作られたおもちゃ万華鏡です。

タータンチェック万華鏡（イギリス）
イギリスのおもちゃ万華鏡。タータンチェックの模様がイギリスを表しています。

中華万華鏡（中国）
万物鏡はテレイドスコープ。右から2番目の花果筒は、花と果物を見るような万華鏡の意味で、さすが漢字の国の万華鏡です。

ろうそく型万華鏡（インド）
筒の絵を見ると、ろうそくの炎の絵になっています。この万華鏡はインドでよく見かける、ろうそくの形をしています。

マーブルペーパー万華鏡（フランス）
とてもシックなマーブルペーパーが筒に巻かれています。フランスで作られました。

手作りキット万華鏡（イスラエル）
イスラエル博物館製で、手作りキットになっています。

おもちゃ万華鏡（メキシコ）
メキシコ音楽に包まれている夜店で、売られている感じの万華鏡です。楽しさが伝わってきます。

キャラクター万華鏡

おもちゃ万華鏡で一番人気があるのがキャラクター万華鏡。外観（がいかん）を見ているだけで楽しくなりますが、中には、のぞくとキャラクターの出てくる万華鏡もあります。

キャンディキャンディ万華鏡（日本）
筒（つつ）が4段にわかれ、着せかえ人形風に遊ぶこともできます。
©水木杏子・いがらしゆみこ
テレビ朝日・東映動画

ペコちゃん万華鏡（日本）
企業（きぎょう）キャラクターの中でも、ペコちゃん人気は常（つね）にトップクラス。かわいいサンタさんになったペコちゃんの絵（え）が描（えが）かれています。

ムーミン万華鏡（日本）
ムーミン・ノンノン・スコープと書かれています。「ノンノン」ではなく「フローレンス」で覚（おぼ）えているお母さんがいるかもしれません。テレイドスコープです。　©MOOMIN CHARACTORS

ディズニー万華鏡
（上はイギリス、下はアメリカ）
ミッキー、ミニー、ドナルドダック……、ディズニーのキャラクターは世界中の子どもたちの人気者。でもディズニー万華鏡は、意外と少ないのです。
©WALT DISNEY PRODUCTIONS

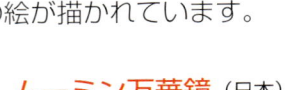

サンダーバード万華鏡（イギリス）
回して見ると、中にサンダーバードが飛んでいます。
©1965&1999. Carlton International Media Limited

トーマス万華鏡（イギリス）
トーマスがたくさん出てくる楽しい万華鏡です。
©Britt Allcrott(Thomas) Limited 1996

スヌーピー万華鏡（アメリカ）
ブリキ製（せい）が1970年代。オルゴールが回り、水の中でスケートをしているのが1980年代になります。
©PEANUTS CHARACTERS
UNITED FEATURES SYNDICATE,INC.

万華鏡を作ろう

万華鏡はとても簡単に作れます。自分のアイデアを盛りこんで、チャレンジしてください。

主な材料

ミラー（鏡）
美しい反射を出すためには表面鏡を使いますが、手作りにはプラスチック・ミラー（アクリル、塩ビ製など）が使いやすいでしょう。自分でミラーをカットする場合は、薄いミラーを選んでください。

ボディー
身近なものでは、ラップやファクシミリの芯、鉛筆ケース、竹、フィルム・ケースが使えます。筒の中に入れなくても、ミラーを粘土で包んで、いろいろな形にしても楽しいです。

その他に用意するもの
・ビニールテープ（少しのびるので、鏡を組みやすい）
・両面テープ
・製本用テープの黒（または黒のビニールテープ）
・透明プラスチック板（和菓子などの箱に入っている透明シートでもよい）
・スポンジ（筒とミラーの間にすきまがある時に使う）
・工作用ボンド　・のり　・はさみ　・カッター　・きり
・穴をあけるドリル

オブジェクト
ケースの中に入れて見るものです。透過性の高いビーズを使うと、光り輝くように見えます。おはじき、貝、クリップ、ガラス、セラミック、ビー玉、自然石、ネットなど、いろいろなものが使えます。

万華鏡を作ろう

1 3ミラー正三角形万華鏡

① 鉛筆ケースと、お菓子のケースで作る、リサイクル万華鏡です。

② ミラーの裏面に、ビニールテープを3本はります。

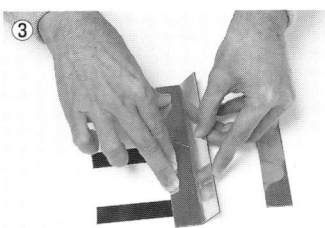

③ 保護シートの面をむかい合わせにして、ぴったりと立てます。

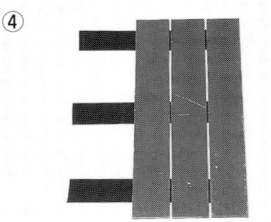

④ すき間があることにより、正しくミラーを組むことができます。

⑤ 保護シートを取ったら、さわらないようにしましょう。

⑥ ミラーがずれないように、上にのせるように組んでいきます。

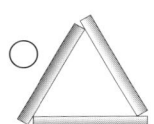

ミラーの組み方

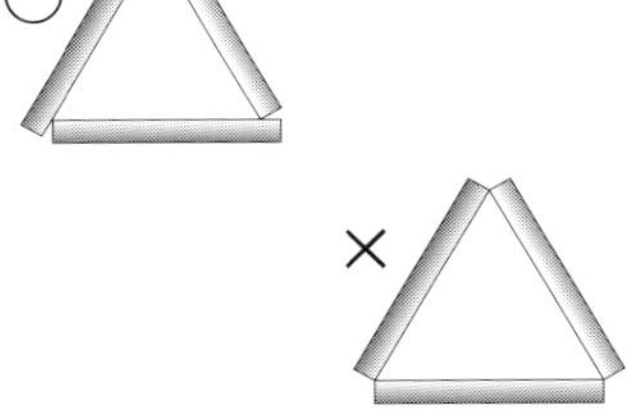

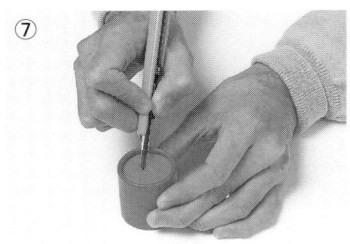

⑦ カッターで、鉛筆ケースにのぞき窓を作ります。

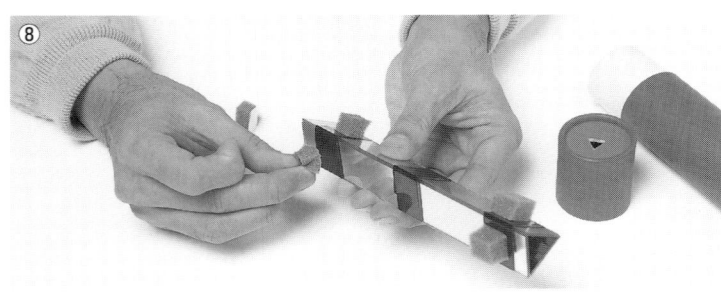

⑧ 中でミラーが動かないように、スポンジをつけ、筒に入れます。

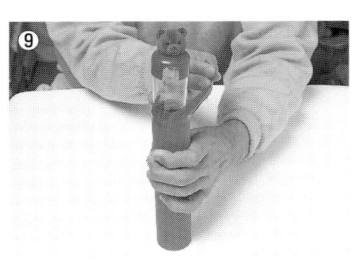

⑨ 筒とクマさんケースを、ビニールテープでつなぎます。

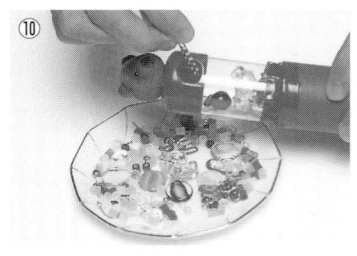

⑩ 好きな色のビーズを、ケースの6分目くらいまで入れます。

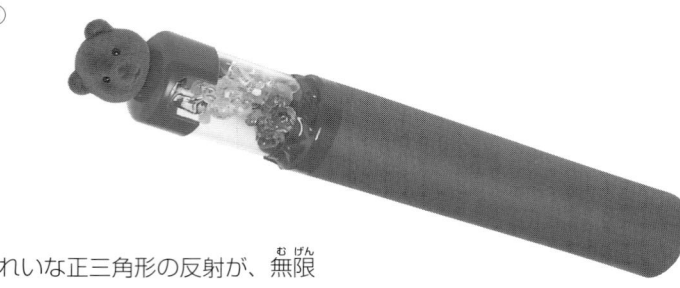

⑪ きれいな正三角形の反射が、無限に広がる万華鏡の完成です。

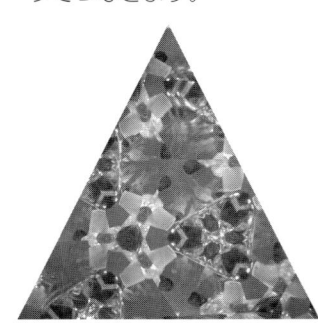

2 ビー玉万華鏡（テレイドスコープ）

①
ビー玉は気泡の入っていないものを。アクリル球を使ってもきれいです。

②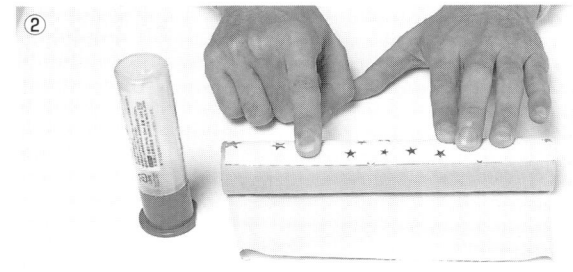
筒に好きな紙をはります。自分で絵を描いたものでも楽しいです。

③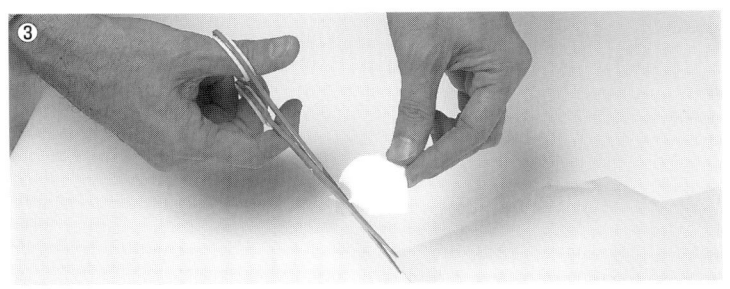
透明プラスチック板を、筒の大きさに切ります。

④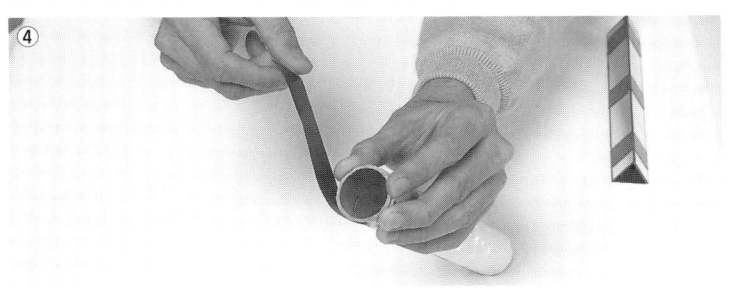
筒の上に透明の板をのせ、製本テープを半分上に出してまきます。

⑤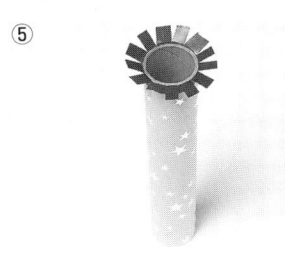
製本テープに、写真のように約5mmの間隔で切りこみを入れます。

⑥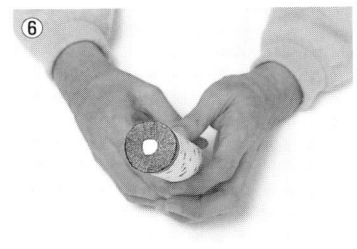
テープを一つずつ中心にむけてはると、丸いのぞき窓ができます。

⑦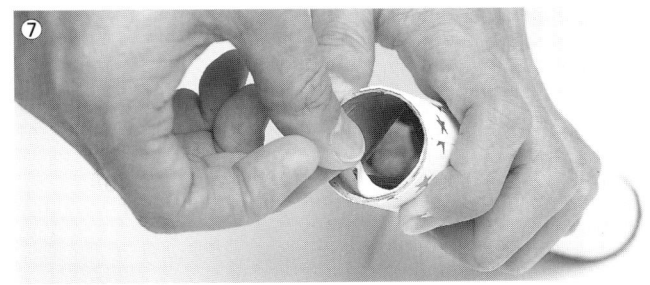
筒に正三角形に組んだミラーを入れ、筒の内側に両面テープをはります。

⑧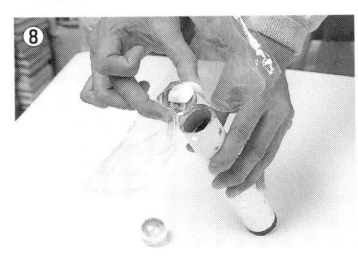
ビー玉をゆっくりと、半分くらいまで筒の中に入れます。

⑨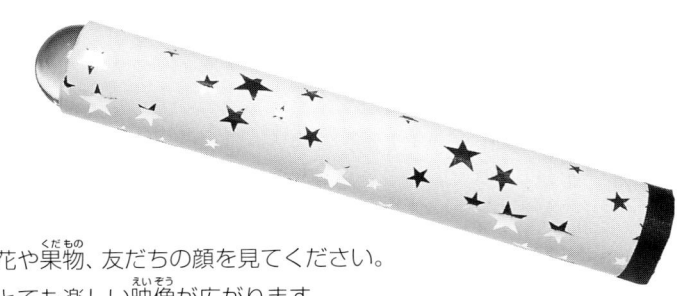
花や果物、友だちの顔を見てください。とても楽しい映像が広がります。

万華鏡を作ろう

③ 水とビーズの変化を楽しむ、二等辺三角形万華鏡

① 筒の約20cmの所に、ビーズを入れるケースにあわせて穴を開けます。

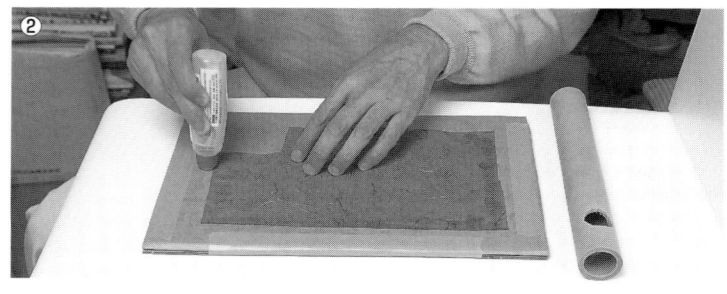

② 筒に好きな紙をはります。のりは紙の4辺をぐるりと塗ります。

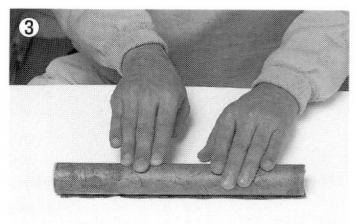

③ 筒を転がして、空気が入らないように押しながらはります。

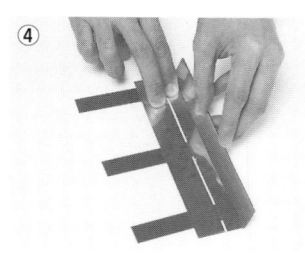

④ まん中に細いミラーを置き、両側にミラーを立てます。

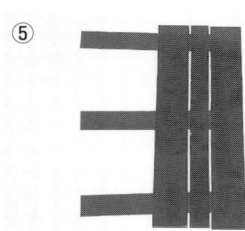

⑤ すき間があることにより、正しくミラーを組むことができます。

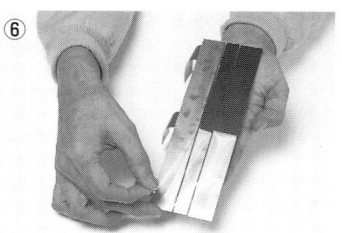

⑥ 保護シートをとったら、さわらないようにしましょう。

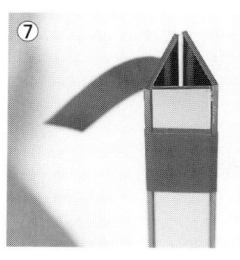

⑦ まん中の細いミラーをはさむようにして、ミラーを組みます。

ミラーの組み方

二等辺三角形の上の部分は、どちらかをずらして組みます。

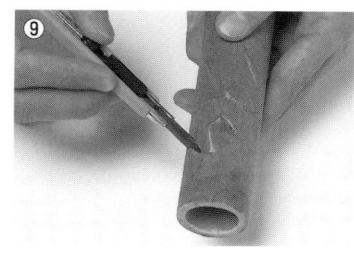

⑨ 最初に開けた穴にあわせて、紙を切ります。

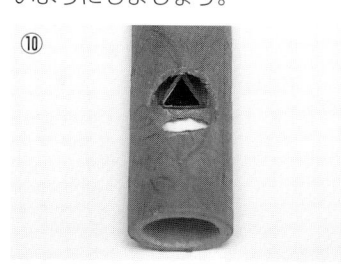

⑩ ミラーは穴のところにあわせるように、入れていきます。

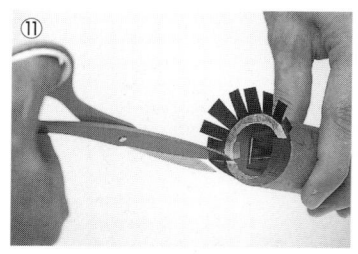

⑪ 製本テープをはり、約5mm幅にカットしていきます。

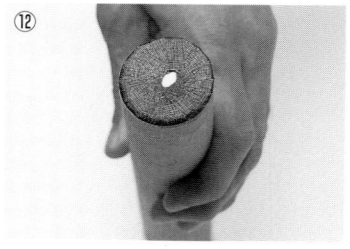

⑫ 透明のプラスチック板をのせ、丸いのぞき窓を作ります。

⑬ ケースに自分の好きな色のビーズを、半分くらい入れます。

⑭ 水を入れます。注ぎ口までいっぱい水を入れないこと。

4 丸い2ミラー映像を楽しむ万華鏡

①

黒い細長い板を使います。ミラーに黒い布テープをはってもよいです。

②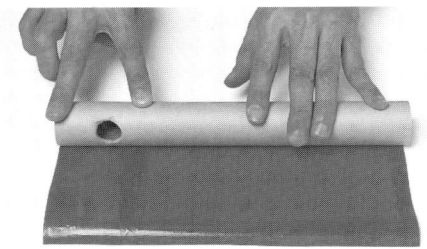

筒に好きな紙をはります。

③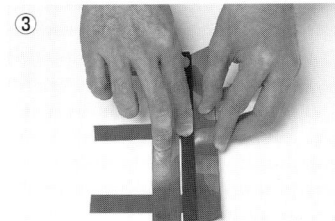

黒い板をまん中にして、2枚のミラーを立てていきます。

④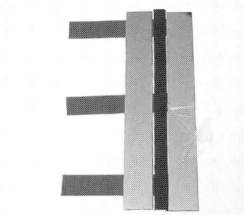

ミラーの保護シートを取り、黒い板をはさむように組みます。

⑤

ケースにビーズを入れます。のぞき窓の作り方は20ページと同じです。

⑥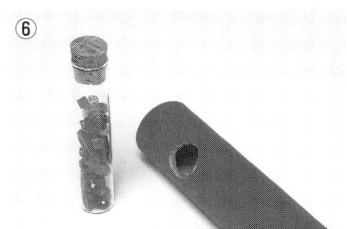

好きな色のビーズを入れると、自分好みの映像になります。

⑦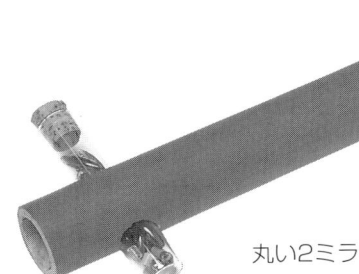

丸い2ミラー映像が見えます。ビーズケースをくるくる回してみてください。

⑮

ビーズケースを穴に差しこみ完成。
不思議な二等辺三角形の映像です。

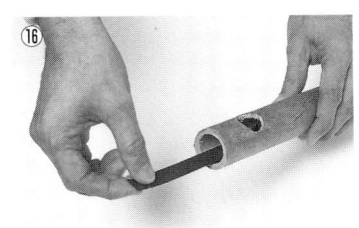

⑯

細いミラーの上に黒い紙をのせると、2ミラーの丸い映像になります。

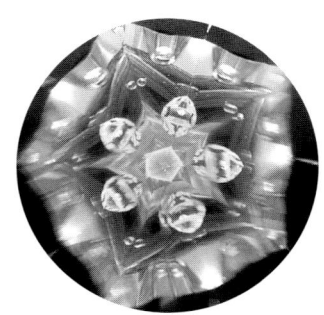

万華鏡を作ろう

5 フィルムケースを使ったサークルミラー万華鏡

フィルムケース4つと、きれいな反射が出るアルミ箔を用意します。

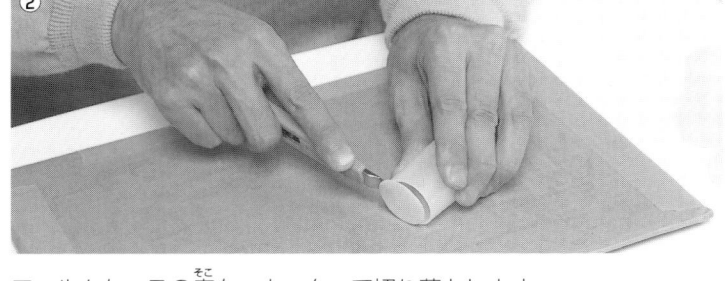

フィルムケースの底を、カッターで切り落とします。

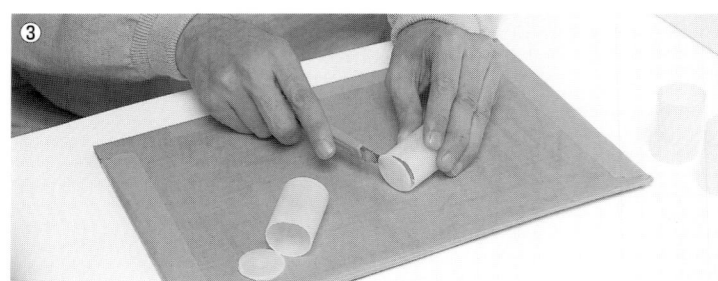

もう1つのフィルムケースの底も、切り落とします。

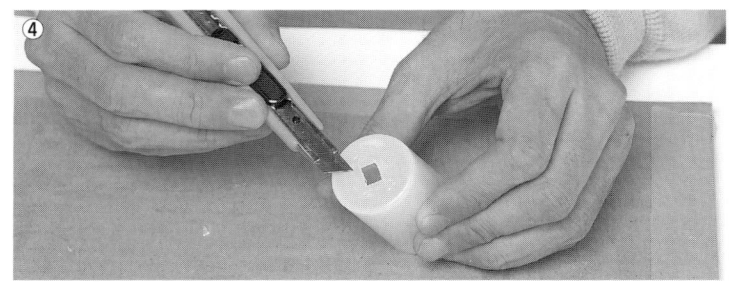

3つ目の底にのぞき窓を開け、透明のプラスチック板をはります。

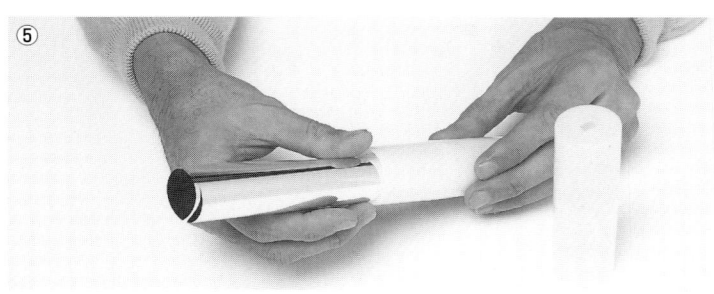

4つ目に底の開いたケースをつなぎ、アルミ箔をまいて入れます。

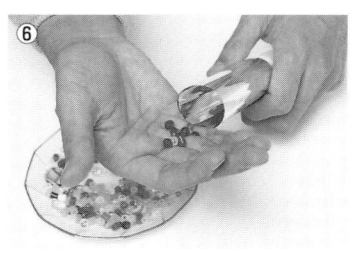

アルミ泊の中に、底がうまるくらいビーズを入れます。

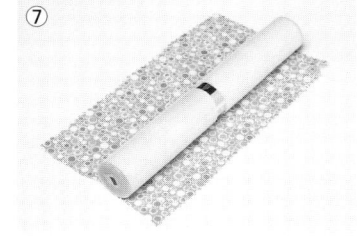

のぞき窓のあるケースを、アルミ箔の上からかぶせます。

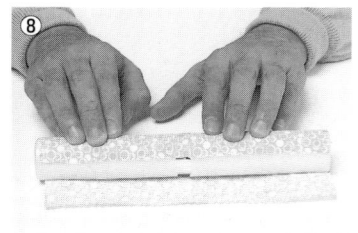

2辺に両面テープをはった布を、ケースにまきつけます。

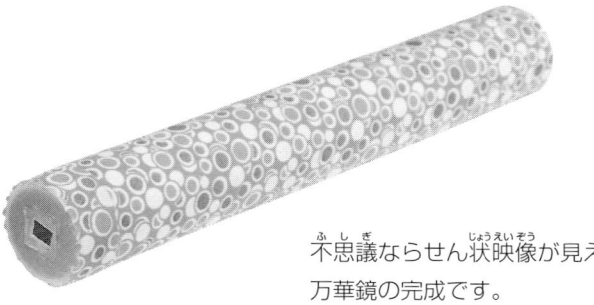

不思議ならせん状映像が見える、万華鏡の完成です。

6 竹で作るひねり万華鏡

①

竹の節にきりでのぞき窓を開けます。やわらかいミラーを使います。

②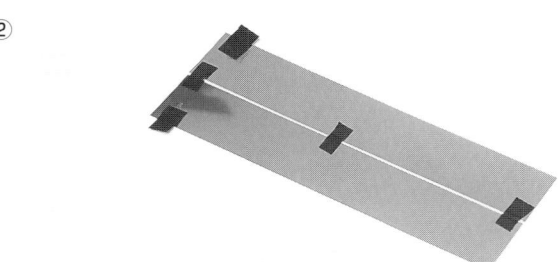

ミラーの裏に、ビニールテープを写真のようにはります。

③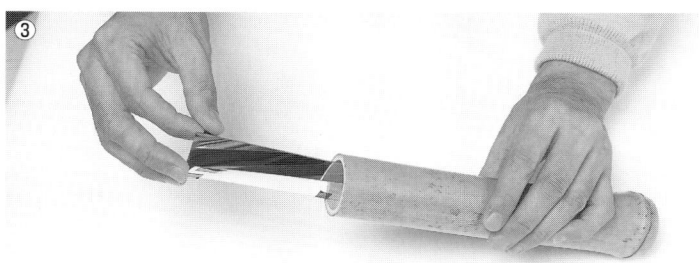

保護シートを取り、2枚のミラーを竹に差しこみます。

④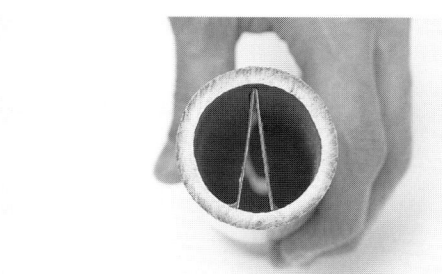

やわらかいミラーが竹にあたって、少しひねった状態になります。

⑤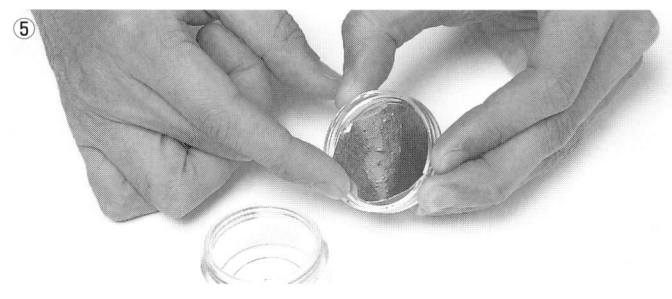

ビーズを入れるケースのフタに、銀紙をはります。

⑥

好きな色のビーズを、半分くらい入れます。

⑦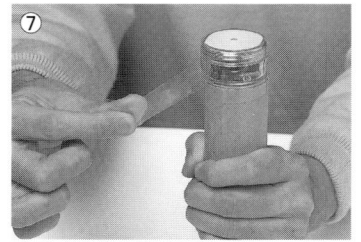

竹とビーズケースを、ビニールテープでつなぎます。

⑧

のぞくとミラーのひねりが、オーム貝のような反射になっています。

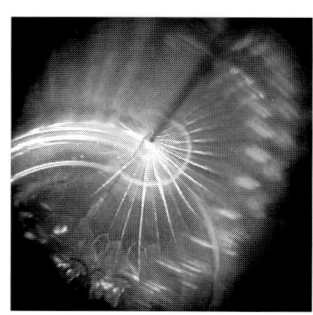

23

万華鏡を作ろう

7 4ミラーのお絵描き万華鏡

①
いろいろな色のサインペンと、クリップを用意します。

②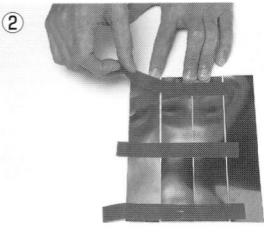
4枚のミラーを1mmのすき間をあけ、ビニールテープでつなぎます。

③
保護シートをとったら、さわらないようにしましょう。

④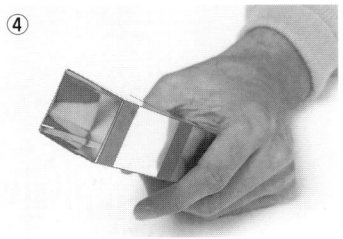
真四角に組みます。ミラーが少し動くくらいがよいです。

⑤
クリップを写真のように伸ばします。

⑥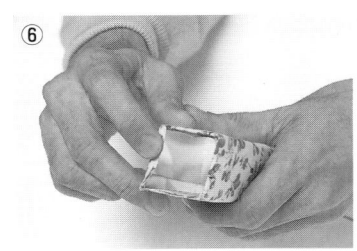
クリップをミラーの外側に置いて布をまき、反対側は中に折りこみます。

⑦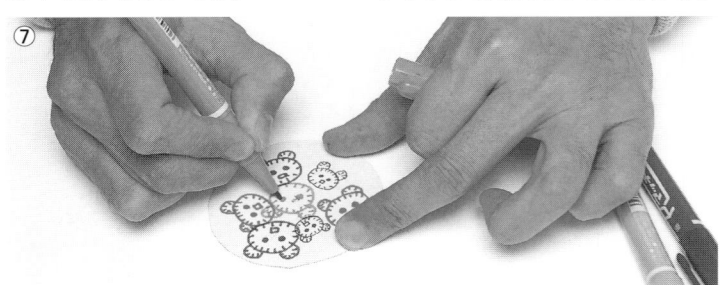
丸く切った紙に好きな絵を描きます。文字を書いてもおもしろいです。

⑧ クリップの先に丸い紙を通して、回して見てください。

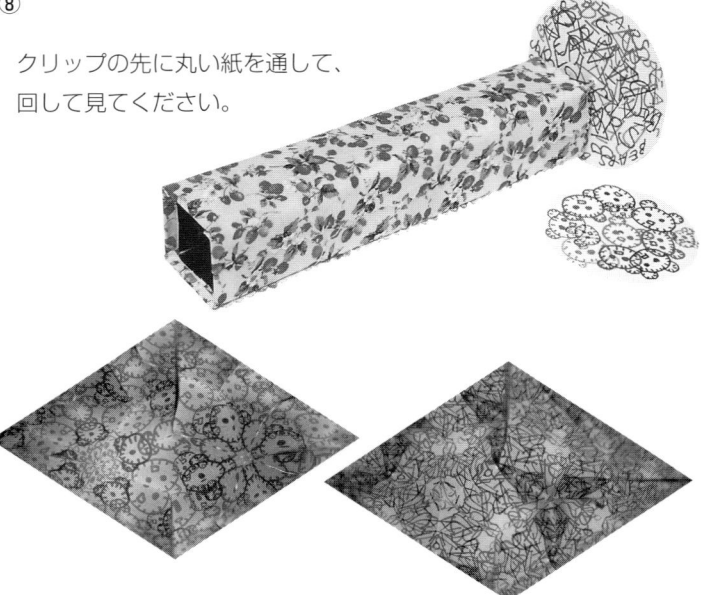

 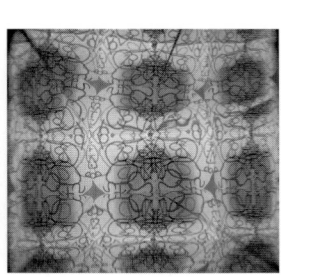
正方形の映像が広がって見えます。

ミラーを少し押してひし形にすると、映像もひし形が反射していきます。

8 ミラーに角度をつけた不思議万華鏡

①
3枚のミラーと、ビーズを入れるケースを用意します。

②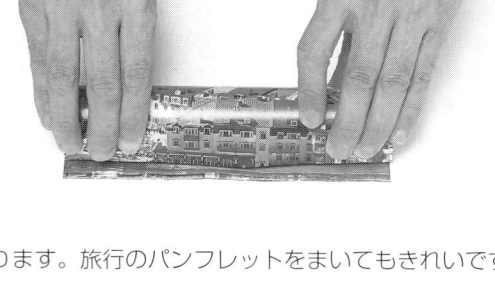
筒に紙をはります。旅行のパンフレットをまいてもきれいです。

③
透明プラスチック板をのせ、のぞき窓を作ります。（19ページ参照）

④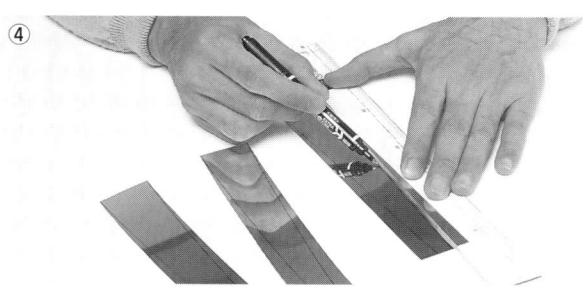
ミラーを台形にカットします。角度はいろいろ考えてみてください。

⑤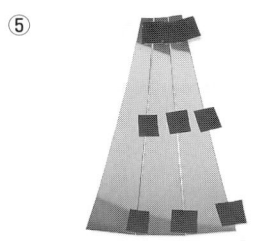
3枚の台形のミラーを、ビニールテープでつなぎます。

⑥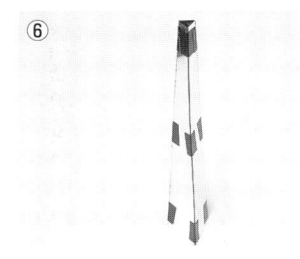
角度のついたミラーのことを、テーパード・ミラーといいます。

⑦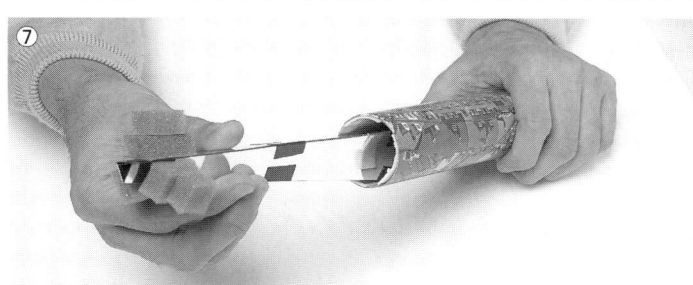
細くなった部分にスポンジをつけ、ミラーを筒に入れます。

⑧
筒とビーズケースをビニールテープでつなぎ、ビーズを入れます。

⑨
ミラーに角度をつけたため、映像は丸く立体的に見えます。

万華鏡Q&A

1)質問：万華鏡の映像は本当に二度と見られないのですか？

答え：明治40年、博文館から出版された『世界遊戯法大全』という本にこんな記述があります。「20種のガラス片や布くずなどを入れ、１分間に10回変えていくとしても、全部見終わるまでは……」とあります。確率の問題ですから、万華鏡の映像も二度でてくることがあります。しかしそれには途方もない年月がかかります。さて、この問題、いったい何年かかると思いますか？ 正解は約4600億年。人類がこの地球上に誕生したのが何年前でしょうか？ いや、その地球が誕生したのが何年前だったでしょうか？ 小さな万華鏡の中にこんなに大きな数字が入っていたなんて、おもしろいですね。

2)質問：鏡は３枚使うのですか？

答え：３枚の鏡を正三角形に組むと、正三角形が無限に広がって見えます。同じ正三角形が見えるのではなく、鏡の反射ですから反転をしていきます。次の反転で元の映像に戻ります。３枚の鏡でも１枚の鏡を細長くすると、二等辺三角形になります。映像は正三角形とはまったくちがった映像になります。さらに３枚の鏡の大きさを変えて、直角三角形に組むとまた映像が変わります。鏡の反射なので組み方によって映像はどんどん変わっていきます。鏡を２枚で組むと、丸く円形映像になり、４枚を正方形で組むと、正方形の映像が無限に広がっていきます。４枚でもひし形に組むと、ひし形の角度によってまるでちがう映像が見られます。では５枚で組むとどうなるでしょうか？ ５枚で五角形を組むと、反射しない部分ができます。サッカーボールの黒い五角形につながっている白い部分は六角形です。鏡の枚数を増やせば、きれいな万華鏡ができるかというと、そうではありません。鏡の枚数の使い方も自由、組む角度も自由、万華鏡は自由に作れるのです。

3)質問：ビーズはいくつ入れればいいの？ どんな色のビーズを入れるときれいになりますか？

答え：この質問の答えはありません。いくつ入れるのも自由だし、どんな色のビーズを入れてもいいのです。でもたくさん入れてもきれいになりません。ビーズを入れるスペースの半分ぐらい入れてください。そうするとビーズがよく動きます。動くということは映像がよく変わるということで、そういう万華鏡が楽しい万華鏡です。ビーズの色も自分の好きな色をたくさん入れて作ってください。70％から80％ほど自分の好きなビーズを入れ、残りを反対色にしていくと、バランスのとれたきれいな万華鏡になります。でも青が好きな人は、水色、青色、紺、群青色のブルーでまとめると"海の万華鏡"になります。またピンク、オレンジ、赤などで作れば"お花畑"が出てきます。昔はセルロイドや和紙などを切って入れてましたが、透過性が低く、影っぽい感じで見えていました。今は透過性の高いビーズを使います。

4)質問：鏡の長さはどの位がいいのですか？ 筒の大きさはどれくらいですか？

答え：自分の人差し指を、目と目の間に置いてください。まっすぐ前に目から離していきます。人差し指の指紋がはっきり見えるところで止めてください。指と目の間の距離が約20cmになります。この距離が目の焦点距離（標準が約20cmで個人差があります）で、万華鏡の長さが約20cmのものが多いのは、焦点距離に合わせてあるからです。ですから鏡の長さは20cm必要になります。幅は自由で筒と相談します。でも筒よりも大きな三角形（三角柱）に組まないでください。どうやっても筒の中に入りません。小さな三角形なら、スポンジやエアーキャップを入れて動かないようにできます。でも必ず筒の中に入れなければならないのか？ といわれれば、それも自由です。三角形に組んでそのまわりを粘土で包み、オブジェみたいにするのも楽しいですね。

5)質問：オイルを入れてゆっくりビーズが動く万華鏡は、どういうふうにするのですか？

答え：液体は水でもおもしろく作れます。ビーズが常に浮遊状態にあるので、ゆらゆらとしておもしろい映像になります。ただ

し水やオイルがもれないように、きっちり締まるキャップつき試験官などを使うといいと思います。オイルはグリセリンやシリコン・オイルを使いますが、薬局などで売っているグリセリンが使いやすいです。ただしオイルはもれやすいということと、プラスチック・ビーズを入れた場合、色落ちするものもあるので気をつけてください。

6)質問：おもしろい万華鏡を作るにはどうしたらいいですか？

答え：万華鏡は鏡の質によって映像が左右されます。表面鏡はとてもきれいな反射をするのですが、特殊な鏡なので入手はちょっと難しいです。光学機器で使う鏡です。今、プラスチック・ミラー（アクリル製や塩ビ製など）がありますので、カッターでカットできるくらいの厚さのミラーを買って、それでいろいろな形のミラーを切って、不思議な万華鏡作りにチャレンジしてください。おもしろい万華鏡を作るには、たくさん作ることなのです。いろいろチャレンジして、手で万華鏡を作る感覚をつかんでください。そうすると頭で考えたことを、こうやるといいかな？　と、手が動きはじめてくれます。手と頭と試行錯誤して万華鏡を作ってください。最初はマネをして作ってもいいですが、次は自分のアイデアを入れて作ってください。せっかく自由に作れる万華鏡なのだから、自分の作りたいように作るのが楽しいと思います。ともかく作らなければ、おもしろい万華鏡はできません。楽しくて不思議な万華鏡ができたら、日本万華鏡大賞展に応募してみてください。世界唯一の万華鏡だけのコンテストです。毎年10月下旬に応募して、12月中旬に東京・北の丸公園の科学技術館で展覧会があります。問い合わせは日本万華鏡倶楽部（Tel.048-255-2422）まで。

7)質問：世界一大きな万華鏡はどこにありますか？

答え：アメリカ・ニューヨーク州マウント・トレンパーのキャッツキルに、牧場にあるサイロ（高さ約18m）を使って、その屋根の丸い部分に万華鏡映像を映し出す大きな万華鏡があります。みんなサイロの中に入って寝転びながら天井を見つめています。サイロの外側にはネパールの寺院に施された目が描かれ、それが

三河工芸ガラス美術館の巨大万華鏡　　　世界一大きなサイロ型万華鏡

目印になっています。このキャッツキルには10数台の大型万華鏡が設置され、万華鏡のテーマパークといった雰囲気の場所です。ニューヨーク・マンハッタンから車で3時間ほどかかるので行くのはちょっと大変ですが、アメリカの田園風景がたっぷり楽しめる行程です。日本では愛知県西尾市の三河工芸ガラス美術館に、長さ7.36m、幅3.1m、高さ2.55mの3ミラー万華鏡があり、人間が入っていけます。また高さ8mの万華鏡が滋賀県長浜市にあります。逆に世界一小さく、販売されている万華鏡は、20mmほどのネックレス・タイプの万華鏡です。ネックレスやペンダントの万華鏡をたくさん作っているアメリカの作家、ケビン＆デボラ・ハーレー夫妻の作品です。

8)質問：万華鏡の博物館はどこにあるのですか？

答え：現在は、埼玉県川口市にあります。JR京浜東北線川口駅から徒歩5分です。予約優先の博物館で午前10時から午後6時スタートの毎正時ごとに予約ができます。「見るコース」は万華鏡の歴史を学び、新旧の万華鏡を説明しながら見ていただきます。30～40分かかり、ひとり1000円です。「作るコース」は2ミラー、3ミラー、4ミラー等、自分の好きな万華鏡を選んでつくれます。2500円～3500円。上級キット6000円～8000円。万華鏡は誰もが簡単に作れて楽しめます。不思議な万華鏡も見て、60分ほどかかります。予約なしでも空いていれば入館できますが、予約を入れた方が確実で、日曜・祝日でも予約があれば開館します。万華鏡200年の歴史を学んで、万華鏡を手作りして、不思議で美しい万華鏡を見る博物館です。予約は、Tel.048-255-2422、Fax.048-255-2423。ホームページnihonmangekyouhakubutsukan.jimdo.com/からも予約できます。

万華鏡の歴史

万華鏡はスコットランドで生まれ、地球を駆けまわって、3年後には大阪に来ていた！

1816年、物理学者デビット・ブリュースターは、偏光や、灯台の灯がどこまでとどくかなど、光の研究中に万華鏡を発明したといわれます。1781年スコットランド・エジンバラ郊外で生まれたブリュースターは、12歳の時にエジンバラ大学に入学し、35歳で万華鏡を発明しています。多辺体レンズの灯台の照明灯への応用を研究し、その灯台の灯をより遠くへとどかせるため、光の反射を研究していました。

"万華鏡の父"デビット・ブリュースターが晩年すごした家（エジンバラ郊外）

科学の芸術である万華鏡は、その原理が簡単であったがゆえに、すぐ真似をしたものが出回り、特許の認定がおりる前に、あっという間にヨーロッパ中に広まってしまったとのこと。残念なことにブリュースターには、万華鏡発明による経済的恩恵はまったくなかったといいます。でもそのおかげといっては、ブリュースターに怒られてしまいますが、誰もが皆、万華鏡を作って楽しめる状況になりました。

ブリュースターはスコットランド学会の重鎮として活躍し、『エジンバラ百科事典』の編集、黎明期の写真コレクター、そしてニュートンの研究家としても知られ、1868年（明治元年）に亡くなっています。

さてヨーロッパ中に広まった万華鏡は、当然、当時の大国オランダへも出回ったと思われます。オランダは、鎖国をしていた江戸時代でもつき合いのあった国。そのオランダを出港した船が、はるかアジアの長崎・出島に着き、出島に来ていた大阪の商人が万華鏡を見つけて大阪に持って帰り、なんと万華鏡誕生の3年後には、大阪で万華鏡を見ているという記述も残っています。もちろん飛行機はまだ飛んでいないし、江戸時代は鎖国をしていました。さらにインターネットなど影も形もない時代です。

『攝陽奇観』（浜松歌国・著）の文政2年（1819）10月に「此頃、紅毛渡り更沙眼鏡流行、大坂にて贋物多く製ス」とあります。この更沙眼鏡が万華鏡と思われます。つまり、のぞくと左右対称の更沙文様が見えることからつけられた名称ですが、残念ながら現物は残っていません。しかし1816年に誕生した万華鏡を、1819年に大阪で見ていたということは、1817年か1818年には長崎に伝わっていたということ。当時、オランダ船が出島に入港できたのは年に1回。ただし1816年の入港はありません。1817年オランダ商館の新商館長のヤン・コック・ブロンホフが禁じられていた妻子をともなって来日しています。江戸幕府は妻子の滞在を許可しなかったため、妻子は帰国。残念ながらブロンホフは生きて再会できなかったといわれています。4年後にはラクダを日本に連れてきた、新し物好きのブロンホフが、万華鏡を日本に伝えたカピタン（商館長）では？　と推測できます。

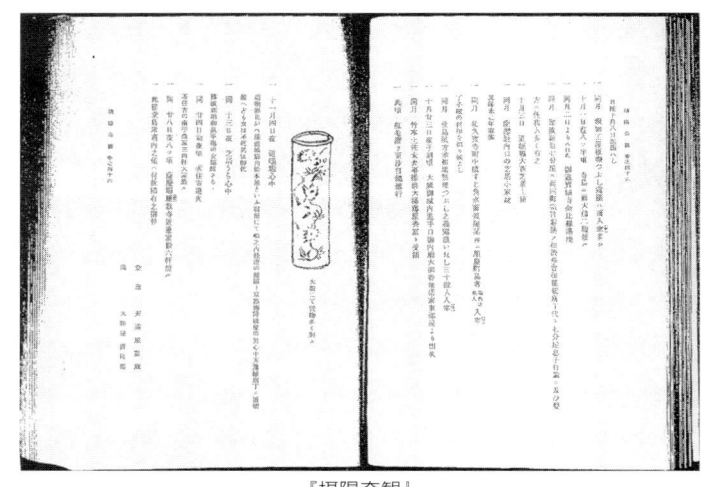

『摂陽奇観』

『三兵答古知幾』
後ろから3行目に「カレイドスカフ」の文字が読める。

「百色眼鏡」から「万華鏡」へ

　安政3年（1856）に刊行された兵書『三兵答古知幾』は高野長英が翻訳しています。三兵とは歩兵、騎兵、砲兵のことで、答古知幾はタクティック（戦術）の音読み。この中に騎兵の陣形として、カレイドスコープのように左右対称に陣形を組む段で、"加列以度斯可布"という字を当てています。高野長英はシーボルトを慕って長崎に留学しています。きっと師弟ともども万華鏡を見ていたのかもしれません。

　江戸末期、錦のように鮮やかな色を見る眼鏡ということから「錦眼鏡」と呼ばれたり、たくさんの色を見ることから「百色眼鏡」と言われていました。また「数眼鏡」や「将門眼鏡」、「タコタコ眼鏡」と呼ばれていた視覚玩具があります。万華鏡誕生以前からあるもので、レンズのカットにより同じものをたくさん見ることができます。複眼の映像から、ドラゴンフライ（とんぼ）の名がついています。将門眼鏡は平将門が死して後も、七変化、八変化したということからつけられ、タコタコ眼鏡は同じような足が8本あるところから、同じ映像がタコの足のようだ、というのでつけられています。このドラゴンフライも万華鏡の一種として親しまれています。

　20世紀の初め（明治30年代）、中国からおもちゃが多数輸入されていた頃、中国で「万華筒（ワンホァトゥ）」と呼ばれていた万華鏡も入ってきました。語源的には日本も中国も一緒ですが、たくさんの意味が日本では百、中国では百倍の万なのがおもしろいですね。ちなみに英語のカレイドスコープも、ギリシャ語の「カロス」、「エイドス」、「スコープ」がつながってできた言葉、それぞれ「美しい」、「形」、「見る」の意味で、語源は世界一緒なのです。

　そして「百色眼鏡」の鏡の字が、「万華筒」の筒の字と入れかわって「万華鏡（ばんかきょう）」となり、ついで「万華鏡（まんげきょう）」となります。ですから「まんげきょう」という言葉は意外と新しい言葉だということが分かります。今でもお年寄りの中には「ばんかきょう」と呼んでいる方もいらっしゃいます。

オキュパイド・ジャパンという国で作られた万華鏡

　20世紀初頭、万華鏡はイギリスで学校教材や、科学的おもちゃとして広まっていきます。美しい映像を見るというより、不思議な幾何学文様を楽しんでいた時代です。学校教材、駄菓子屋さんの定番おもちゃとして現在に至るわけですが、残念なことに日本では、大正、昭和初期の万華鏡はほとんど残っていません。この時期、日本は戦争の世紀であったのです。戦争が命を奪い、人びとの暮らしを苦しめるだけでなく、子どもたちを楽しませていたおもちゃですら、その存在を危うくさせていたのです。

　戦後、万華鏡は駄菓子屋さんのおもちゃとして作られていきます。「メイド・イン・オキュパイド・ジャパン」という占領下の日本で作られたおもちゃは、日本の子どもたちを楽しませるのではなく、アメリカへ輸出されていました。昭和30年頃から日本国内でも万華鏡は、不思議で美しいおもちゃとして広まっていきます。

万華鏡ルネッサンス

　そして1980年代、万華鏡はアメリカでおもちゃからアートとして変身します。その立役者は、世界一の万華鏡コレクターであるコージー・ベーカーおばあちゃん。コージーさんは息子が交通事故で亡くなるという不幸を経験し、失意の時に万華鏡と出会いました。コージーさんの素晴らしいところは、万華鏡を癒しの道具だけにせず、こんなに楽しくおもしろい万華鏡を広めようと思ったことです。万華鏡に元気をもらったコージーさんは、こうして、ガラス作家たちに万華鏡作りを呼びかけ、不思議できれいな美しさが無限に広がっていく万華鏡によるカレイドスコープ・ルネッサンスを起こすのです。

　コージーさんの家はアメリカの首都ワシントンの郊外、メリーランド州の森の中にあります。万華鏡でいっぱいのリビングルームのはるか向こうにプールも見えます。バスルームにも、トイレにも、キッチンにも万華鏡があります。そういう部屋まで見せてくれるコージーさんは、とっても気さくな素敵なおばあちゃんです。

美しさの秘密

　おもちゃからアートへと大変身した万華鏡は、反射をさせる表面鏡に秘密があるのです。ふつうの家庭で使われる鏡は、ガラスの後ろをミラー面にして作ります。前面にガラスがあるため、汚れにくい、傷つきにくい利点がありますが、前のガラス部分で光は屈折をおこします。一度の反射ならば、あまり気にならないのですが、反射をくりひろげていくのが万華鏡。この鏡だと少しくもった感じで見えてしまいます。しかし説明をされなければ分からないぐらいで、十分きれいに見えます。

　表面鏡は文字通り、表面がミラー面になっているため、汚れやすい、傷つきやすいという欠点があります。しかし屈折がおきない反射をしていくため、美しい映像が得られます。万華鏡はその表面鏡を組んで作っていきます。2ミラーでVの字のように組むと、2枚の鏡が開いた空間をそれぞれ反射するので、丸く円形映像になります。世界最初の万華鏡は、2ミラーで組まれていますので、教会のステンドグラスのように円形映像が見られます。

　3ミラーで組むと、3枚の鏡が全面反射するので、映像が無限に広がっていきます。4ミラーで組むと、ひし形と正方形が考えられますが、組む角度によって、映像はまったく変わります。鏡を円筒形にすれば、映像はらせん状に展開しますが、円筒形のため規則正しい反射はしません。サークルミラーといいます。

アンティークの万華鏡とともに

"万華鏡の母" コージー・ベーカーさんと著者

トイレ

リビングルーム

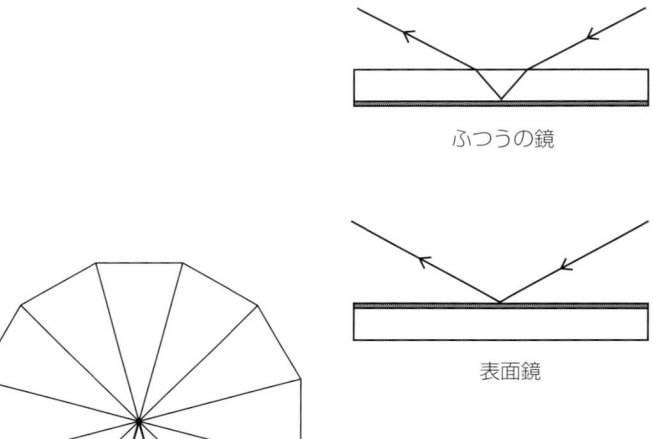
ふつうの鏡

表面鏡

2ミラー（鏡の間が30度）

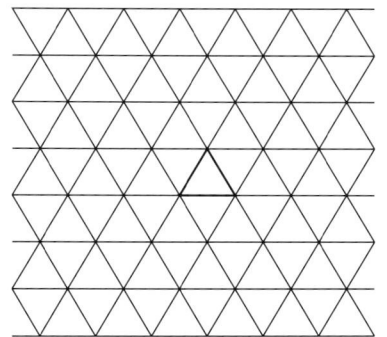
3ミラー正三角形

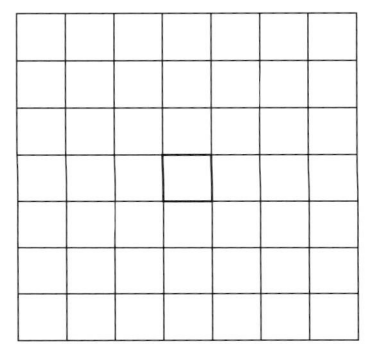
4ミラー正方形

4ミラーひし形

科学技術館での手作り教室（毎年5月に開催）。子どもたちの歓声が広がる。

しいアイデアをもりこんで、皆の手の中で楽しめるアートになったのです。21世紀になっても万華鏡は進化をし続けています。ミラーの組み方、角度の取り方、ミラーの枚数など、いろいろな方法にちょっとしたアイデアを加え、不思議な万華鏡は作られていきます。自由で創造力にあふれた万華鏡は、どんどんおもしろく変化をしていきます。同じ映像を二度と見ることがないように、新しい万華鏡が作られていくと思います。2014年現在、第14回日本万華鏡大賞展が全国を巡回しています。アイデア豊かな万華鏡を楽しんでください。

世界で一番小さく、日本で初めての「日本万華鏡博物館」（東京・渋谷）現在は、埼玉県川口市に移転しています。

「日本万華鏡倶楽部」と「日本万華鏡博物館」の誕生

　1990年代半ばから、万華鏡は鏡の組み方によって、より不思議で美しく、さらにアイデア豊かなものがたくさん作られるようになりました。1996年1月に日本万華鏡倶楽部が設立され、万華鏡の手作り教室や、万華鏡展を開催し、より多くの万華鏡を愛する人達のネットワークを広げています。1998年9月には世界で一番小さく、日本で初めての「日本万華鏡博物館」が東京・渋谷に誕生、2012年9月、埼玉県川口市に移転しました。

　2000年12月、日本万華鏡倶楽部と千代田区北の丸公園にある科学技術館との共催で第1回日本万華鏡大賞公募展を開催することになりました。オリジナルでアイデア豊かな万華鏡を公募する、世界で初めての万華鏡だけのコンテストです。科学から生まれた万華鏡が、誰もが楽

あとがき

　楽しくて、きれいな万華鏡ができましたか？　同じように作っても友だちの作った万華鏡と交換してみると、まったく違う映像になっているはずです。世界でたったひとつ、自分だけの万華鏡。誰も真似のできないものです。世界にひとつしかなくて、誰も真似できないものを作る人のことを"天才"と呼びます。こんなに簡単に楽しい万華鏡を作って、天才になってしまうなんて、素敵なことだと思いませんか？

　万華鏡は自由です。好きなように、自分の楽しいアイデアを盛りこんで作れます。アイデアはいろいろなところにあります。本を読んだり、散歩をしたり、サッカーをしたりする中にもあるのです。ころがっているサッカーボールを見て、サッカーボールの見える万華鏡を作った小学生もいました。

　これからいろいろな勉強をして、アイデアをふくらませ、楽しくおもしろい万華鏡をいっぱい作ってください。万華鏡を作っていく中で、また違った発見があるかもしれません。そうしたら、ノーベル賞だって夢ではありませんね。

日本万華鏡博物館館長　**大熊進一**

1949年埼玉県生まれ。立教大学経済学部卒業。埼玉新聞記者を経て、1989年に（株）ベアーズを設立。PR雑誌の企画・編集・制作、出版、各種プランニングを行っている。1990年、ハワイ・マウイ島で万華鏡と出会い、コレクションを始める。1996年に日本万華鏡倶楽部を結成。1998年には"学んで作って見る"「日本万華鏡博物館」を開館する。2012年9月、自分が生まれ育った地である埼玉県川口市に移転した。現在の万華鏡コレクション数は、2,000点。

日本万華鏡博物館

〒332-0016　埼玉県川口市幸町2-1-18-101
TEL048-255-2422　FAX048-255-2423
予約優先になります。日曜祝日も予約があれば開館します。
詳しくは、27ページをご覧下さい。
日本万華鏡倶楽部の連絡先も同じです。
nihonmangekyouhakubutsukan.jimdo.com/

資料本『日本万華鏡博物館』について

大熊進一・著
2012年9月10日初版発行
新書判、140p
定価：1,000円（税別）
購読希望の方は、日本万華鏡博物館までお申し込み下さい。

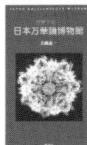

撮影 ……………… 文溪フォトサービス
装丁・デザイン …… DOMDOM
撮影協力 ………… 日本万華鏡博物館
　　　　　　　　　日本万華鏡倶楽部

■資料図版
P27〜31の図版はすべて、（株）ベアーズ・日本万華鏡博物館提供

万華鏡 KALEIDOSCOPE

2003年 3月　　初版第1刷発行
2014年 2月　　第8刷発行

監修 ……………… 日本万華鏡倶楽部
文 ………………… 大熊進一
発行者 …………… 川元行雄
発行所 …………… **株式会社文溪堂**
　　　　　　　　　〒112-8635
　　　　　　　　　東京都文京区大塚 3-16-12
　　　　　　　　　ＴＥＬ：編集 03-5976-1511
　　　　　　　　　　　　　営業 03-5976-1515
　　　　　　　　　ホームページ：http://www.bunkei.co.jp
印刷 ……………… 凸版印刷株式会社
製本 ……………… 小髙製本工業株式会社
ISBN978-4-89423-355-3／NDC759／32P／250㎜×230㎜

©Japan Kaleidoscope Society & Shinichi OKUMA
2003　Published by BUNKEIDO Co., Ltd. Tokyo, Japan.
PRINTED IN JAPAN

落丁本・乱丁本は送料小社負担でおとりかえいたします。
定価はカバーに表示してあります。